AF252478

RÉPONSE AU LIVRE

L'ARMÉE DU RHIN

DU MARÉCHAL BAZAINE

PARIS. — TYPOGRAPHIE LAHURE
Rue de Fleurus, 9

L'ARMÉE DU RHIN

DU MARÉCHAL BAZAINE

PAR L'AUTEUR DE

QUEL EST VOTRE NOM? N. OU M.?

PRIX : 60 CENTIMES

PARIS

A. GHIO, ÉDITEUR

41, QUAI DES GRANDS-AUGUSTINS, 41

1873

Lorsqu'en 1872 M. le maréchal Bazaine fit paraître *l'Armée du Rhin par le maréchal Bazaine*, je traçais ces lignes qui indiquaient les contradictions existantes entre lui et moi dans le récit que j'en avais fait suivant des notes prises par moi chaque jour, publiées en anglais le lendemain de la prise de Metz, sans y avoir rien changé, et traduites littéralement en allemand et en français *dès* 1870 sous le titre : *Quel est votre nom? N. ou M.?*

Mon peu de désir d'occuper le public de moi et surtout la crainte que j'avais de nuire au maréchal m'empêcha de publier ma réponse; mais maintenant à la veille des débats, quand les faits vont être publiquement discutés, et que les contradictions de chacun seront expliquées et commentées par toute la presse européenne, je ne crois pas devoir rester plus long-

temps sous le coup des contradictions du maréchal ; je
les réfute par des preuves, je serais désolé qu'il en fût
contrarié.

Je ne sais si je me trouverai appelé par la défense
comme témoin à décharge ainsi que je le suis par
l'accusation comme témoin à charge ; je n'ai qu'un
reproche à faire au maréchal, et je l'en ai depuis long-
temps bien sincèrement excusé, c'est de ne pas, il y a
trois ans jour pour jour, m'avoir continué pendant une
semaine de plus la confiance absolue qu'il m'avait
d'abord si noblement accordée, nous n'en serions pas
où nous en sommes, et que de malheurs, à nous Français, il eût évités ! Quant à moi, ma conviction est
qu'il n'y a pas dans notre pays un général, y compris
ceux qui siégeront comme juges à Trianon, qui eût fait
durer la défense de Metz un jour de plus et qu'il y en
a bien peu qui l'eussent fait durer autant.

Beaulieu, 25 septembre 1873.

Boissise-la-Bertrande (Seine-et-Marne).

E. V. REGNIER.

CONTRADICTIONS ENTRE L'OUVRAGE *L'ARMÉE DU RHIN*, PAR LE MARÉCHAL BAZAINE, 1872, ET LA BROCHURE *QUEL EST VOTRE NOM? N. OU M.?* PAR E. V. REGNIER, 1870[1].

Armée du Rhin, page 124, 24 à 25ᵉ ligne. Page 125, 1ʳᵉ et 2ᵉ lignes; 13ᵉ à 16ᵉ ligne. — *Une fois seul avec moi, ce personnage me déclara se nommer Regnier, être autorisé par M. de Bismark à la démarche qu'il faisait, et venir au* nom de l'Impératrice *demander à M. le maréchal*

---

1. Note de septembre 1870, page 30. *Quel est votre nom? N. ou M.?* Je ne saurais trop répéter que toutes les notes ont été écrites au moment, généralement au crayon dans la voiture et remises à l'encre la nuit lorsque j'étais forcé de m'arrêter soit pour des audiences, soit par impossibilité matérielle d'avancer. Certaines audiences étaient, pour la part que je devais y prendre, préparées à l'avance; je n'en ai voulu retrancher rien, n'ayant aucune prétention, sinon celle de faire connaître la vérité; du reste, les doubles se trouvent soit dans les mains de l'Impératrice, soit dans celles de M. de Bismark. — De plus, la narration de tout ce qui a trait à la visite faite à Metz par M. Regnier a été lue par lui au général Bourbaki pendant la nuit qui a précédé leur départ de Metz, et la remise du manuscrit en a été faite au général pour qu'il eût à le remettre à l'Impératrice.

Canrobert ou à M. le général Bourbaki de se rendre auprès d'elle en Angleterre.

Je répondis à M. Regnier que s'il désirait avoir un entretien avec les deux personnes qu'il me désignait, l'entrevue ne pourrait avoir lieu avant le lendemain.

M. le maréchal Bazaine confond ma première avec ma deuxième visite ; cela s'explique facilement après un si long intervalle de temps. Pour moi, il m'est impossible de me rappeler maintenant aussi bien que lui la visite que j'ai eu l'honneur de lui faire alors, mais dans la brochure *Quel est votre nom? N. ou M.?* pages 30 à 34, je trouve le chapitre intitulé : Première visite au maréchal Bazaine. Il contient la relation abrégée de ma première visite du 23 septembre 1870, il fut écrit pendant la nuit du 23 au 24 septembre dans la maison du commandant des avant-postes, comme je le dis dans ma troisième audience avec M. de Bismark (page 38, lignes 14 et 15): « Je fus forcé de « rester dans nos avant-postes et je profitai de ce temps « de loisir forcé pour transcrire comme d'usage ma con- « versation précédente. »

Je ne pouvais demander au maréchal Bazaine dans cette *première* visite de faire sortir le maréchal Canrobert ou le général Bourbaki ; en effet, je trouve (page 30, lignes 16 à 18) : « Je lui lis (au maréchal Bazaine) mes deux entrevues « et ma lettre à M. de Bismark qui, malheureusement, ne « m'a pas fait de réponse télégraphique. » Or, cette lettre à M. de Bismark, écrite dans la nuit du 20 au 21 septembre, au moment où je quittais Ferrières, était celle dans la-quelle je demandais (pages 27 à 29) qu'il voulût bien me faire connaître par un télégramme s'il consentait à m'ac-corder la sortie du maréchal Canrobert ou celle du général

Bourbaki. Ce quil e prouve encore, c'est que dans l'exposé
de ma troisième conférence avec M. de Bismark, du 28 septembre, je trouve (à la page 36, ligne 32) : « Je lui de- P. 36, l. 32.
« mande (au prince Frédéric-Charles) s'il n'y avait pas
« quelque télégramme adressé à mon nom, il répondit né-
« gativement. » Et plus loin (page 37, ligne 37) : « L'absence P. 37, l. 37.
« de votre télégramme, moi, qui avais eu l'audace de
« croire vous juger, m'avait surpris, il me fallait subitement
« changer le plan que je chérissais pendant mon voyage. »

Comment je me serais présenté comme chargé *par l'Impératrice* d'une mission auprès de l'un de ces deux officiers
généraux et l'on m'aurait dit de *revenir le lendemain*, comme
s'il était possible alors d'entrer dans Metz à volonté, c'est
une erreur, c'est plus qu'une improbabilité, c'est une impossibilité. La vérité est : que n'ayant pas alors reçu le télégramme qui les concernait, je n'ai pas même songé un
moment à les voir ; ils n'étaient pour moi d'aucune utilité,
et quand j'ai quitté le 23 septembre le maréchal, tout était
convenu entre nous et je *ne croyais pas retourner à Metz* ; en
effet je lis (page 39, ligne 8) : « Au moment où je croyais P. 39, l. 8.
« l'audience terminée il me dit (le prince Frédéric-Charles) :
« J'ai reçu pour vous deux télégrammes ; dans l'un il y a
« .... » et plus bas (ligne 18) : « Je demandais à retourner L. 18.
« à Metz et profitais d'une demande du grand-duc de Hesse
« pour faire sortir plusieurs prisonniers hessois ou autres
« (général Bourbaki). »

Maintenant, pour contredire plus particulièrement cette
partie des mémoires du maréchal qui me fait demander la
sortie de l'un de ces deux officiers généraux *au nom de
l'Impératrice*, je lis (pages 28, lignes 7e et suivantes) : « Dans P. 28, l. 7.
« le cas où le maréchal Bazaine accéderait à toutes *mes*
« conditions et que le maréchal Canrobert ou le général
« Bourbaki, auquel j'aurai donné l'indication exacte de
« tout ce qui doit s'exécuter pour la réussite de *mon* plan,
« consentirait à l'appuyer de toute son influence sur l'ar-

P. 28, l. 18. « mée. » Et ligne 18 : « Plus tard, si tout réussissait comme
« *je l'ai prévu*, mais seulement alors il pourrait reprendre
« son individualité, mais ce serait seulement dans le cas
« où il se mettrait à la tête de l'armée chargée de défendre
« les Chambres réunies, si possible, dans un port de mer
« avec présence d'une partie de la flotte, sur laquelle on
« pourrait compter. Le traité se signerait le même jour,
« ET JE N'Y SERAIS PAS. Si rien ne pouvait aboutir, le ma-
« réchal ou le général viendrait reprendre son poste sous
« mon nom[1]. »

P. 62, l. 32 à 37.
De plus (page 62, lignes 32 à 37), je lis, dans une lettre
signée N., écrite à la date du 5 octobre au directeur du
Standart : « Il (N. ou M. Régnier) se présenta au maréchal
« Bazaine, et après une longue conversation qu'il est im-
« possible de faire connaître en ce moment, mais dans la-
« quelle il dit qu'il était sans *mission directe de Hastings*, et
« que sa visite était toute personnelle. Il obtint, pour ar-
« river à la réalisation de ses plans qu'il fit connaître, de
« faire sortir, parmi les prisonniers, le général Bourbaki....
« Il fallait, pendant qu'il se trouvait occupé autre part,
« quelqu'un, un second lui-même, qui pût avoir sur l'Im-
« pératrice l'*influence dont il manquait....* qui pût lui faire
« connaître la position réelle des choses que lui seul peut-
« être connaissait en France. »

Il est évident qu'avant ma première visite à Metz, ne
connaissant nullement la position du maréchal, qui n'était
connue de personne alors, mais dont la correspondance des

---

1. C'est qu'en effet, d'après ma demande, dans cette lettre à M. de Bismark que je lus au maréchal Bazaine le premier jour, en regrettant qu'il
n'y eût pas été fait de réponse, *je devais rester renfermé dans Metz à la
place* de celui de ces deux officiers généraux qui devait sortir avec mes
habillements et mon sauf-conduit. Je n'eus plus été qu'un simple captif, dans
l'impossibilité comme les 150 000 autres de rien pouvoir faire politique-
ment ; aussi éprouvai-je une grande satisfaction lorsque le prince Frédéric-
Charles m'apprit que M. de Bismark m'autorisait à sortir moi-même avec
l'un de ces officiers généraux qui ne pourrait plus rentrer. Je fis connaître
cette condition le lendemain en revenant.

journaux étrangers m'avait donné une idée, je ne pouvais qu'avoir l'intention suivante : « Faire sortir un maré- « chal, qui se concerterait avec le maréchal Bazaine, pour « arriver à la réussite du *plan que j'avais conçu.* » (Page 28, ligne 18, citées plus haut.)

Et plus loin (page 37, ligne 2) : « Je lui explique (au « prince Frédéric-Charles) l'utilité qu'il pouvait y avoir à ce « que le Gouvernement de la régence traitât lui-même de « la paix, en s'entourant, dans une ville française non en- « vahie, de la Chambre, du Sénat et d'une partie de l'ar- « mée avec un maréchal de France à sa tête, et que c'était « comme moyen d'arriver à l'accomplissement *de mes désirs* « plus encore dans l'intérêt général que dans l'intérêt dy- « nastique, que j'avais demandé mon introduction dans « Metz. Il me l'accorda. J'obtins l'autorisation d'entrer de « suite » (23 septembre 1870).

        P. 37, l. 2.

Mais tout fut pour moi bien différent, lorsque le maréchal m'eut fait connaître sa position réelle, c'est-à-dire l'impossibilité absolue dans laquelle il se trouvait de pouvoir franchir, d'une manière utile, le rempart humain qui l'enveloppait et la certitude d'une reddition à discrétion faute de vivres pour *le 18 octobre*, s'il n'était secouru. Je savais les secours impossibles : que devais-je donc faire ? Évidemment ce que j'ai fait (page 31, note). La vérité est qu'il m'a dit : « ne pouvoir aller qu'avec beaucoup de peine jus- « qu'au 18 octobre en mangeant les chevaux des officiers. « C'était cette position, connue de moi seul, que je préten- « dis utiliser auprès de M. Bismark, lui faisant croire que, « par politique, le maréchal consentait à mettre son armée à « notre disposition. Je sauvais donc ainsi, à la France, une « armée qui sans cela eût eu le sort de celle de Sedan. »

        P. 31, note.

« A six heures du matin, le samedi 24, je fis resonner le « clairon, et à neuf heures je fus devant Son Altesse. Elle « me demanda si ma mission avait réussi; je lui répondis « que, suivant moi, la question politique devait l'emporter

        P. 33, l. 1⁻.

« sur la question militaire, mais que cependant, sans sa-
« crifier aucunement cette dernière, je voulais l'utiliser. »

Aussi, lorsqu'à la suite de cette conversation le prince Frédéric-Charles me fit connaître qu'il avait reçu pour moi une dépêche télégraphique qui m'autorisait à faire sortir à mon choix le maréchal ou le général, je n'avais plus *l'intention de retourner à Metz*, la mise à ma disposition de l'un de ces deux officiers généraux ne m'étant plus d'une grande nécessité, et comme la veille je l'avais dit au maréchal Bazaine en le quittant. (Page 38, ligne 7.) « Ma « présence n'étant plus nécessaire, je voulais partir de « suite, car si je ne me trompe chaque heure nous coûte « un million[1]. »

P. 38, l. 7.

Je me décidai cependant à retourner à Metz de peur que ce brusque changement dans mon projet ne parût extraordinaire au comte de Bismark et ne lui donnât l'éveil sur la position réelle de l'armée de Metz; de plus, je n'étais réellement pas fâché que l'un de ces deux officiers généraux, après être convenu de tout ce qu'il y avait à prévoir avec le maréchal Bazaine, sortît de Metz, parce que, comme il est dit (page 63, ligne 30) « que dans ses « plans (Regnier) il fallait, pendant qu'il se trouvait oc-« cupé autre part, qu'il eût quelqu'un, un second lui-« même qui *pût avoir sur l'Impératrice l'influence qui lui* « *manquait à lui-même.* »

P. 63, l. 30.

Page 128, ligne 9. — L'Impératrice Régente, désirant avoir auprès d'elle M. le général Bourbaki, cet officier général est autorisé à se rendre auprès de Sa Majesté.

Sans discuter la forme exacte de ce document, il y a

1. Je me trompais, car 20 milliards, pendant moins de sept mois de guerre, font plus de 4 millions par heure, et suivant moi pour la France avoir fait la paix en septembre, comme je le proposais, ou en janvier, comme cela a eu lieu, lui fait une différence de quatorze milliards.

toujours là, je ne crois pas me tromper, une erreur de
date, et (page 65, lignes 8 et suivantes) à propos d'une
conversation que j'ai eu l'honneur de tenir le 8 octobre
1870 à Chislehurst avec la sœur du général Bourbaki, on
lit : « il y avait bien des choses qu'elle comprenait et d'au-
« tres dont elle ne pouvait se rendre compte, entre autres
« l'antidate de l'ordre donné à son frère et pourquoi au
« nom de l'Impératrice. Je lui expliquai que ce n'était pas
« au hasard que j'avais agi, que cet ordre antidaté de
« huit jours concordait à un jour où l'on avait échangé
« quelques prisonniers; que d'avoir fait donner cet ordre
« par le maréchal *au nom de l'Impératrice Régente* était un
« grand résultat, suivant moi, puisque cela prouvait à tous
« qu'il la regardait toujours. »

P. 65, l. 3.

**Page 132, ligne 15. — Je n'avais pas compris la restric-
tion au sujet du retour à Metz, puisque ma dernière
recommandation au général Bourbaki avait été un
prompt retour.**

**Page 130, ligne 7. — Je n'eus pas de nouvelles du gé-
néral, bien qu'il fût convenu entre nous qu'il m'écri-
rait en envoyant sa lettre au château de Vernonville,
d'où des personnes sûres me les feraient parvenir.**

Ces deux passages du livre du maréchal semblent se
contredire. Ce qui est vrai, c'est que sur ma demande
le maréchal, le général et moi collationnâmes chacun un
exemplaire de l'ordonnance du roi sur les armées en cam-
pagne à la page 36 pour les dépêches chiffrées que nous
pourrions avoir à nous transmettre par l'intermédiaire des
autorités allemandes, *toute autre transmission étant alors impossible*, et qu'il m'en fut remis un par le colonel Boyer,
son aide de camp ; il l'avait, dit-il, depuis plus de vingt-cinq
ans, et je le tiens à sa disposition. Il avait été si peu con-

P. 52, l. 29. venu du *retour du général* que je trouve (page 52, ligne 29) :
« Je dis à sa sœur (du général Bourbaki, à Chislehurst,
« 4 octobre 1870), qui ne l'avait pas reconnu, que c'était
« lui, et qu'elle voulût bien le prier d'entrer, que je pou-
« vais s'il le voulait, et comme je le lui avais promis avant
« mon départ, lui donner ma passe personnelle, qui lui
« permettrait d'arriver au quartier général prussien devant
« Metz, et que là je ne doutais pas qu'il ne lui serait ac-
« cordé gracieusement de rentrer, par le prince comman-
« dant en chef le deuxième corps d'armée, *malgré la con-*
« *vention contraire faite avant son départ.* » Du reste, si le
général Bourbaki avait un moment cru avoir le droit de
retourner dans Metz, il se serait présenté hardiment à
l'état-major du prince Frédéric-Charles, qui l'eût fait es-
corter sans aucune hésitation jusqu'aux avant-postes français, et n'eût pas fait intervenir le Foreing Office pour
obtenir comme une grâce ce qu'il devait considérer un
droit.

**Page 133. — Dans sa lettre au prince Frédéric-Charles,
le maréchal Bazaine (page 133) nous apprend qu'en
réponse à un télégramme de Ferrières, où était le
grand quartier général et le siége politique de l'ennemi, il envoya une lettre au général qui l'assiégeait.**

Celui-ci, peut-être intéressé personnellement comme
général à ce que la question ne fût pas résolue comme le
désirait M. Regnier, en envoya par le télégraphe *un extrait*
très-succinct à Ferrières.

P. 45, l. 3. « Je ne puis répondre affirmativement à cette question ;
« j'ai dit à M. Regnier que je ne pouvais disposer de la
« capitulation de la ville de Metz. » Si au lieu de sa longue
lettre à un général ennemi non désintéressé dans la question, le maréchal Bazaine, n'ayant pas en moi, qu'il ne

connaissait pas, une confiance suffisante, avait envoyé de
suite son aide de camp au quartier général de Ferrières,
comme celui-ci m'a dit le lui avoir conseillé, tout cela et
bien d'autres choses depuis ne seraient pas arrivées, et il
serait maintenant l'homme le plus considérable de France
au lieu d'être appelé devant un conseil de guerre.

**Page 133, ligne 16. — Il me demandait en même temps
(M. Regnier) s'il pouvait exposer des conditions dans
lesquelles il me serait possible d'entrer en négociations
avec le commandant en chef de l'armée allemande
devant Metz pour capituler. Je lui ai répondu que la
seule chose que je pusse faire serait d'accepter une
capitulation avec les honneurs de la guerre, mais que
je ne pouvais comprendre la place de Metz dans la
convention à intervenir. Ce sont en effet les seules
conditions que l'honneur militaire me permette d'accepter et ce sont les seules que M. Regnier ait pu exposer.**

La preuve que M. Regnier n'a pas dit, soit à Corny, soit à
Ferrières, un mot de plus que ce qu'il avait été autorisé à
dire se trouve dans les passages suivants (page 38 ligne 32),   P. 38, l. 32.
troisième conférence avec M. de Bismark : il me répondit
(le prince Frédéric-Charles) « qu'il croyait pouvoir me dire
« que sans la ville rien ne se ferait, je pensais en moi-
« même, ce serait une jolie page dans l'histoire que d'avoir
« pris Metz. M. le général Coffinières, lui dis-je, qui com-
« mande la ville de Metz, tient son commandement de Sa
« Majesté, il est indépendant du maréchal. »
Et à la page 45, ligne 26, dans l'extrait suivant, d'une   P. 45, l. 26.
lettre adressée à M. de Bismark, datée de Ferrières,
30 septembre 1870 : « Que si le ministre y consentait, je
« pourrais accompagner à Metz un officier prussien qui
« porterait le traité suivant (ou que je pourrais rester

« *comme prisonnier* au quartier général pendant qu'il irait
« à Metz). Le ministre de Prusse offre au maréchal Bazaine
« qui commande l'armée campée devant les murs de Metz,
« de se retirer avec les honneurs de la guerre, drapeaux
« et musiques en tête avec son artillerie, ses munitions et
« bagages dans une étendue du territoire français qui sera
« désignée et dont il ne devra pas dépasser les limites. »

Je fis remettre de plus, le 30 septembre, deux lettres à
M. de Bismark pour être envoyées par lui au maréchal,
elles sont une répétition quant au sens de celle citée plus
haut et ne lui parvinrent pas. (Pages 47 et 48.)

P. 67, l. 32.   A la page 67, ligne 32 (récit d'une audience de l'Impératrice, 8 octobre 1870): « Je fis une très-brève analyse
« de tout ce qui s'était passé en lisant dans ses yeux,
« lorsque je faisais allusion aux choses dont elle avait dû
« avoir connaissance par mes notes, je lui expliquai le
« grand résultat que je pensais avoir *obtenu seul de faire*
« *accorder les honneurs de la guerre* à une armée qui allait
« sans cela, plus tard, être forcée de se rendre à discrétion,
« faute de vivres, je lui fixai l'époque du 18 qui m'avait
« été donnée par le maréchal, lui expliquant qu'à une ar-
« mée il lui fallait toujours des chevaux pour l'artillerie et
« l'intendance, qu'il lui fallait de plus emporter 5 à 6 jours
« de vivres pour se rendre, à travers un pays complétement
« ruiné, à la destination qui lui serait fixée, *que chaque jour*
« *de retard enlevait au moins une semaine de durée à la*
« *garnison.*

Et plus loin dans la même audience (page 69, ligne 5) :
« Envoyez un de vos conseillers, la besogne est préparée
« *il n'y a plus qu'à signer*; donnez-lui vos pouvoirs, car
« Bismark ne veut pas être lanterné davantage et Bazaine
« ne peut attendre beaucoup plus, ayez toujours la date
« du 18 devant les yeux; les tergiversations diplomatiques
« sont faciles dans un cabinet, mais les pauvres diables
« qui se serrent le ceinturon et voient près d'eux tomber

« leurs fidèles compagnons n'ont pas la même patience.
« Que l'on parte ce soir, car chaque heure qui passe coûte
« un million à la France. »

Page 134, ligne 12. — M. Regnier m'avait demandé si, le cas échéant, il pouvait rapporter mes paroles à M. de Bismark; je n'y ai vu aucun inconvénient, mais je ne pouvais considérer ce propos comme une ouverture que je faisais au gouvernement allemand, ainsi que la dépêche de Ferrières semblait le présumer. M. Regnier, avec lequel je n'ai jamais eu de relations depuis le 24 septembre, s'est attribué là une mission que je ne lui avais pas confiée.

Comment, d'après M. le maréchal lui-même, j'étais autorisé par lui à faire connaître ses intentions à M. de Bismark; d'après tout ce qui précède[1], je ne me suis jamais départi de la plus grande discrétion, je ne suis jamais allé au delà; bien au contraire, je suis toujours resté en deçà de ses intentions. Pense-t-il que nous étions des enfants et que nous voulions rester dans des sphères spéculatives? *Ma mission, je me l'étais confiée à moi-même.* J'ai pu, dans ce que je croyais l'intérêt de mon pays, essayer de me servir des partis et des hommes, mais je n'ai jamais été l'instrument d'aucun parti ni d'aucun homme. Fin septembre, quand on voyait l'impossibilité d'un succès, à mon avis, il ne fallait pas attendre que la dernière illusion sur notre force disparût; je n'aurais pas eu alors à écrire, le 24 oc-

---

1. A propos de cette paix, j'ose dire avec orgueil que si ceux qui l'ont préparée, discutée et signée se fussent donné la peine de lire les préliminaires esquissés par moi le 28 septembre 1870, pour mon audience à Ferrières (*Quel est votre nom? N. ou M.?* pages 41 et suivantes), ils eussent entre autres évité à la France beaucoup de difficultés postérieures auxquelles donneront lieu les questions non tranchées par eux, des nationalités, des biens de l'État, des lignes ferrées, de la portion de la dette afférente au territoire, etc.

tobre 1870, à l'occasion de la mission à Chislehurst du
général Boyer (page 70, ligne 5) : « Mais quelle différence,
« les conditions que l'on nous fait ne sont plus les mêmes,
« les *honneurs de la guerre sont hors de question*, depuis cinq
« jours pour l'armée sous Metz il n'y a plus ni pain, ni
« biscuit, ni sel, le cheval et le vin restent seuls ; les hommes
« ne tiennent que par miracle, et il faudrait que, même
« pour arriver à la conclusion d'un armistice, l'ennemi les
« nourrît pendant les préliminaires. De plus, à Metz même,
« dissentiments nombreux, fédération au sud et à l'ouest,
« commandants indépendants de l'autorité centrale. Ah !
« je te prévoyais, désorganisation presque complète de ma
« pauvre France ; ce mois perdu t'aura causé de plus réelles
« calamités par ses désastreuses conséquences que ne t'en
« occasionnera la cession de territoire qu'il faudra toujours
« accorder, sans compter qu'alors je l'eusse obtenue moins
« forte. »

Et le 28 septembre, quatre jours plus tard, n'eût pas eu
lieu cette malheureuse reddition à merci prévue par moi
et dont les suites furent : la captivité de 150 mille soldats,
quatre mois d'invasion de plus d'un tiers de la France, les
misères inutiles du long siége de Paris, le traité de paix
que nous connaissons, la guerre civile qui le suivit avec
ses conséquences forcées passées et futures, et enfin trois
ans après l'existence, peut-être bien longue encore, de l'in-
certitude et du provisoire.

P. 70, l, 6.

La lecture de ce qui précède me donne la certitude qu'à l'aide de ces notes contradictoires et de la brochure: *Quel est votre nom, N. ou M. ?* n'importe quelle personne répondrait mieux que je ne le ferai aux questions qui pourront m'être posées par le conseil de guerre qui va se réunir le 6 octobre prochain. Je fais exception pour deux questions auxquelles je vais répondre à l'avance.

1re D. M. le général Président. — Monsieur, quel motif a pu vous décider à vous mêler à ces affaires politiques auxquelles vous étiez toujours resté étranger?

R. Si vous voyiez un enfant près d'être écrasé sous les roues d'un chariot que traînent dans un galop furieux des chevaux emportés, que ne guide plus la main du maître et que vous vous élanciez pour l'enlever au danger qui le menace, que répondriez-vous à celui qui s'en étonnerait et vous demanderait pourquoi vous avez agi ainsi, vous qui n'étiez ni le père ni le tuteur de cet enfant? Ébahi par une telle question, vous resteriez sans réponse. Eh bien! le char de l'État était sans conducteur réel; ses mains, fortes autrefois, avaient laissé échapper les rênes. C'est en vain que je me suis élancé pour l'arrêter dans sa course folle; il a broyé, comme je le prévoyais, sous ses roues sanglantes, ses trop nombreuses victimes, mais ma réponse est la vôtre, quand un spectateur inerte me demande la cause de mon infructueux essai.

2e D. Comment expliquez-vous que Messieurs (un tel et un tel) contredisent vos assertions et affirment telle chose?

R. Seraient-ils cent à l'affirmer et moi seul à dire le contraire, je penserais que leur mémoire leur fait défaut à tous, et je prouverais par le raisonnement ce que j'avance, à toute personne impartiale que n'aveuglera pas la camaraderie ou la haute position de mes contradicteurs (suivront les preuves).

Je termine ces trop longues disgressions par les réflexions suivantes, que j'adresse à mes concitoyens : Comment? lorsqu'il s'agissait, à la fin de septembre 1870, de continuer la lutte prouvée dès lors inégale, et devant amener les ruines complètes que vous connaissez, l'*Initiative personnelle* serait tolérée ? Que dis-je, tolérée, acclamée, rémunérée et récompensée par des honneurs et de hautes positions, et cette *même initiative serait déniée* à ceux qui voulaient éviter le résultat néfaste et qui à leurs frais, risques et périls voulaient essayer de faire alors signer une paix honorable et relativement peu désavantageuse, au lieu de celle que l'on devait certainement signer plus tard, et qui est loin de mériter ces titres.

Par quelle aberration, maintenant que tout le monde est d'accord sur les illusions, pour ne pas me servir d'une expression plus forte, de ceux qui ont continué à outrance cette guerre fatale ; que tout le monde dit bien haut, ce qu'hélas! je disais seul alors : « Que de même que l'Autriche après Sadowa, la France elle aussi devait faire la paix après Sedan, et à plus forte raison un mois après. Comment peut-il rester maintenant une injuste prévention contre ceux qui, lorsqu'il y avait des difficultés et du danger, voulaient mettre alors à exécution ce que tous les gens sensés reconnaissent maintenant, qu'on eût dû faire alors. Ah! ne retirez pas vos récompenses à ceux qui avaient si glorieusement tort! mais secouez affectueusement la main de ceux qui avaient si généreusement raison.

Beaulieu, 25 septembre 1873.

E. V. REGNIER.

Boissise-la-Bertrande (*Seine-et-Marne*).

Typographie Lahure, rue de Fleurus, 9, à Paris.

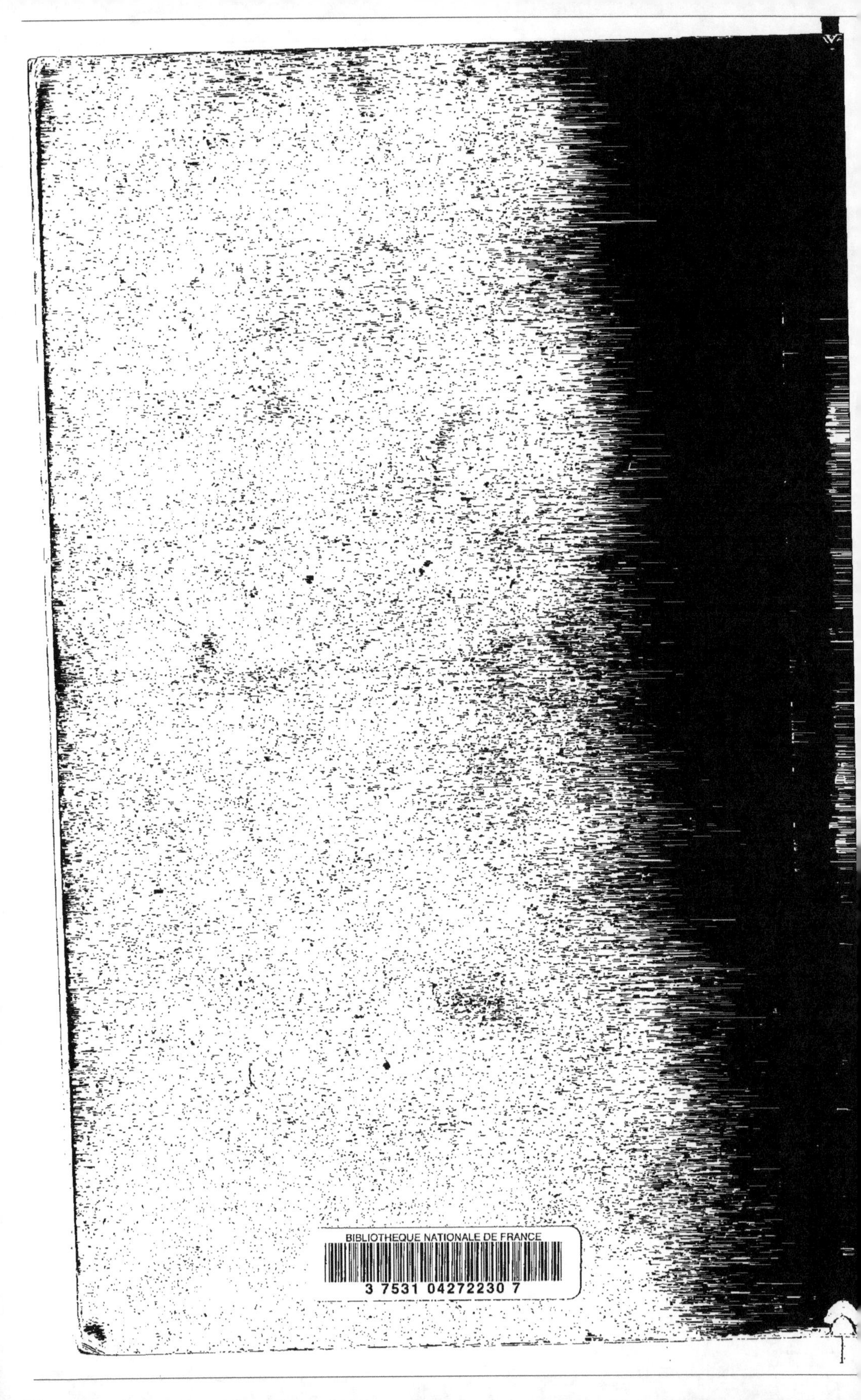